科学如此惊心动魄·地理②

魔琴工厂

走进印度

纸上魔方 著

吉林出版集团股份有限公司 | 全国百佳图书出版单位

图书在版编目（CIP）数据

　魔琴工厂：走进印度 / 纸上魔方著. —长春：吉
林出版集团股份有限公司，2017.3（2021.6重印）
　（科学如此惊心动魄．地理）
　ISBN 978-7-5581-2393-1

Ⅰ.①魔… Ⅱ.①纸… Ⅲ.①地理—印度—儿童读物
Ⅳ.①K935.1-49

中国版本图书馆CIP数据核字(2017)第044347号

科学如此惊心动魄·地理 ②

MOQIN GONGCHANG ZOU JIN YINDU

魔琴工厂——走进印度

著　　者：纸上魔方（电话：13521294990）

出版策划：孙　昶

项目统筹：孔庆梅

项目策划：于姝姝

责任编辑：姜婷婷

责任校对：徐巧智

出　　版：吉林出版集团股份有限公司（www.jlpg.cn）
　　　　　（长春市福祉大路5788号，邮政编码：130118）

发　　行：吉林出版集团译文图书经营有限公司
　　　　　（http://shop34896900.taobao.com）

电　　话：总编办 0431-81629909　　营销部 0431-81629880/ 81629881

印　　刷：三河市燕春印务有限公司

开　　本：720mm×1000mm　1/16

印　　张：8

字　　数：100千字

版　　次：2017年3月第1版

印　　次：2021年6月第3次印刷

书　　号：ISBN 978-7-5581-2393-1

定　　价：38.00元

印装错误请与承印厂联系　　电话：15350686777

前　言

四有：有妙赏，有哲思，有洞见，有超越。

妙赏：就是"赏妙"。妙就是事物的本质。

哲思：关注基本的、重大的、普遍的真理。关注演变，关注思想的更新。

洞见：要窥见事物内部的境界。

超越：就是让认识更上一层楼。

关于家长及孩子们最关心的问题："如何学科学，怎么学？"我只谈几个重要方面，而非全面论述。

1. 致广大而尽精微。

柏拉图说："我认为，只有当所有这些研究提高到彼此互相结合、互相关联的程度，并且能够对它们的相互关系得到一个总括的、成熟的看法时，我们的研究才算是有意义的，否则便是白费力气，毫无价值。"水泥和砖不是宏伟的建筑。在学习中，力争做到既有分析又有综合。在微观上重析理，明其幽微；在宏观上看结构，通其大义。

2. 循序渐进法。

按部就班地学习，它可以给你扎实的基础，这是做出创造性工作的开始。由浅入深，循序渐进，对基本概念、基本原理牢固掌握并熟练运用。切忌好高骛远、囫囵吞枣。

3. 以简驭繁。

笛卡尔是近代思想的开山祖师。他的方法大致可归结为两步：第一步是化繁为简，第二步是以简驭繁。化繁为简通常有两种方法：一是将复杂问题分解为简单问题，二是将一般问题特殊化。化繁为简这一步做得好，由简回归到繁，就容易了。

4. 验证与总结。

笛卡尔说："如果我在科学上发现了什么新的真理，我总可以说它们是建立在五六个已成功解决的问题上。"回顾一下你所做过的一切，看看困难的实质是什么，哪一步最关键，什么地方你还可以改进，这样久而久之，举一反三的本领就练出来了。

5. 刻苦努力。

不受一番冰霜苦，哪有梅花放清香？要记住，刻苦用功是读书有成的最基本的条件。古今中外，概莫能外。马克思说："在科学上是没有平坦的大道可走的，只有那些在崎岖的攀登上不畏劳苦的人，才有希望到达光辉的顶点。"

北京大学教授/百家讲坛讲师

张岫燕

贝吉塔

阴险邪恶，小气，如果谁得罪了她，她就会想尽一切办法报复别人。她本来被咒语封了起来，然而在无意中被冒失鬼迪诺放了出来。获得自由之后，她发现丽莎的父亲就是当初将她封在石碑里面的人，于是为了报复，她便将丽莎的弟弟佩恩抓走了。

克鲁德小精灵

善良，聪明，在女巫被咒语封起来之前，被女巫强迫做了十几年的苦力。因为经常在女巫身边，所以它也学到了不少东西。后来因为贝吉塔（女巫）被封在石碑里面，就摆脱了她的控制。它经常做一些令人捧腹大笑的事情，但是到了关键时刻，也能表现出不小的智慧和勇气。它与丽莎共同合作，总会破解女巫设计的问题。

安得烈

外号"安得烈家的胖子"，虎头虎脑，胆子特别大，力气也特别大，很有团队意识，经常为了保护伙伴而受伤。

主人公介绍

丽莎

胆小，却很聪明心细，善于从小事情、小细节发现问题，找出线索，最终找出答案。每到关键时刻，她和克鲁德总会一起用智慧破解女巫设计的一个个问题。

迪诺

冒失鬼，好奇心特别强，总是想着去野外探险，做个伟大的探险家。就是因为想探险，他才在无意中将封在石碑里面的贝吉塔（女巫）放了出来。

班奈特

沉着冷静，很有头脑，同时也是几个人中年龄最大的。

佩恩

丽莎的弟弟，在迪诺将封在石碑里面的贝吉塔（女巫）放出来后，就被女巫抓走做了她的奴隶。

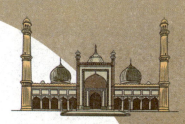

目 录

素食

泰戈尔

印度门

沙·贾汗被囚禁的地方

目　录

泰姬陵

泰戈尔

第一章
神奇的国度

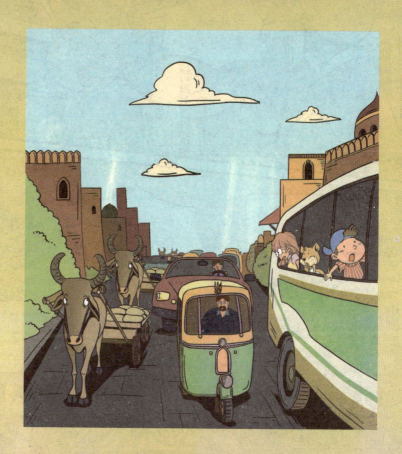

"你看不见你的真相，你所看见的，只是你的影子。"什么意思？

他们劫持班奈特做什么呀？他不如我帅，不如我聪慧，那些劫匪也太没眼光了！

"你看不见你的真相……"怎么感觉有些熟悉？我记起来了，这是泰戈尔《飞鸟集》中的诗歌！

早就叫你们两个多读点儿书了，连著名的印度大诗人都不知道！

泰戈尔是谁，会魔法吗？

印度

印度共和国简称印度，位于亚洲南部，是南亚次大陆最大的国家，面积居世界第七位，人口仅次于中国，与中国是世界上仅有的人口超过10亿的两个国家。官方语言是印地语、英语，驾驶习惯为靠左驾驶。

印度首都德里分为旧德里和新德里两部分，中间隔着一座德里门。旧德里街道狭窄，建筑残破；新德里街道宽阔整洁，是印度的经济、行政中心。

印度国旗上的法轮是修建于印度孔雀王朝阿育王时代佛教圣地石柱柱头的狮首图案之一，对印度人而言，它是神圣之轮、真理之轮。

大诗人泰戈尔

罗宾德拉纳特·泰戈尔（1861年5月7日—1941年8月7日）8岁开始写诗，1913年获得诺贝尔文学奖，是第一位获得诺贝尔文学奖的亚洲人。

泰戈尔的作品是印度大学、中学、小学必选的文学教材，其中《人民的意志》被定为印度的国歌。

《飞鸟集》是泰戈尔的代表作之一，具有很大的影响，在世界各地被译为多种文字版本，是最早被译为中文版本的泰戈尔作品之一，包括了300余首清丽的小诗。这些诗歌主要描写小草、流萤、落叶、飞鸟、山水、河流……文笔清新亮丽，韵味无穷。

泰戈尔

在印度，公交车会给什么动物让路？

答：牛。

在印度，牛的地位很高，被称为"神牛"。所以印度的牛可以在城市的街道上自由自在地踱步，而过往的行人和车辆都得给它让路。即使是在农村，牛也享受着很高的待遇。在田间地头，农民们看到有牛在啃食庄稼或践踏田埂时，并不会去驱赶它们，而是一脸虔诚，双手合一地默默祷告。

第二章

仰望德里门

13

到底有几个德里?

德里最初形成于公元前5000年，在漫长的历史时期，德里经历了多个不同的王朝，每代王朝都在这里留下了宏伟的建筑物。

17世纪中叶，莫卧儿王朝的沙·贾汗国王把首都从阿格拉迁到此地，用10年时间建成了现在的德里城（旧德里）。19世纪中期，英国将已经成为它殖民地的印度的首都迁至加尔各答。1911年，英国驻印度殖民总督将首都从加尔各答迁回德里，并在旧城以南兴建新城，称为新德里。1931年，新德里开始成为首府。1947年印度独立，新德里仍被宣布为首都。现在，新、旧德里早就在德里门处连成一片，德里门以南是新德里，以北是旧德里。虽然新德里是官方叫法，但许多人更习惯用德里的旧名。

排灯节

　　排灯节又称"万灯节""印度节""屠妖节"，是印度人的重要节日，于每年10月或11月中旬举行。为了迎接排灯节，印度的家家户户都会点亮蜡烛或油灯，烟火和节日的各种灯会照亮黑暗的夜晚，因为它们象征着光明、繁荣和幸福。

　　排灯节与印度的神话有关，神话内容都是关于正义战胜非正义、光明战胜黑暗的。

　　印度人过排灯节时，会把家里精心布置一番，以盏盏油灯营造出梦幻般的世界。

　　多数印度家庭会在排灯节期间穿新衣，戴珠宝，拜访家庭成员与公司同事，互赠礼物。商人停止使用他们的老账本，开始使用新账本。

被称为新德里地标性建筑物的是什么建筑?

答：德里门。

德里门是印度新德里一个突出的地标，位于新德里的心脏，许多重要的道路都由此经过。

德里门由英国设计师埃德温·鲁琴斯设计，建于1921年，高42米，整体由红色砂岩和花岗岩建成。它是为了纪念在第一次世界大战中战死的印度士兵而修建的，因此又称为"印度战士纪念碑"。

德里门也是新德里和旧德里的分界，并以拉姆利拉广场为界，广场以南为新德里，以北为旧德里。

第三章

登上库杜布高塔

好累啊……还有多少级台阶才能到塔顶啊?

库杜布塔顶部,众人沉醉地眺望着德里和亚穆纳河的秀丽风景。

哇!

你能看到?小精灵的眼神真不错!那是莫卧儿王朝的皇宫红堡。

那座红色的城堡看起来好美!

印度最高的塔

　　库杜布塔是印度第一高塔，坐落在印度首都新德里东南约15千米处。此塔是当时的印度国王乔汉为了让王后能每天登高望远而下令建造的，距今已有近800年的历史了。

　　库杜布塔高73米，呈赫红色，用红砂石砌成，全塔分为5层。塔身每层外表都有凸起竖立的装饰性花纹，而且每一层的花纹各不相同。从塔底向上望去，这些花纹就像围在塔身上的一条条彩带，使整座塔显得格外雄伟壮丽。

进入寺庙的奇特禁忌

进入印度的寺庙，身上绝不可以穿以牛皮制造的东西。穿上牛皮制造的东西，会被视为犯了禁忌，皮鞋、皮表带、腰带、手提包等牛皮制品，都不得入寺门。此外，印度人走进寺庙之前要脱鞋。他们认为，若穿鞋进去，既不礼貌，也不圣洁，所以不论男女老幼，统统把鞋放在门口，赤脚进去。

德里的其他名胜古迹：

德里红堡——莫卧儿王朝的皇宫

胡马雍陵——莫卧儿王朝第二代
皇帝胡马雍的陵墓

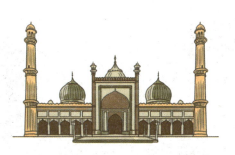

贾玛清真寺——印度最大的清真寺

甘地陵——印度国父
"圣雄"甘地的陵墓

站在库杜布塔上，克鲁德看到了什么建筑？

答：德里红堡。

德里红堡是印度莫卧儿帝国时期的皇宫，位于印度首都新德里附近，紧邻亚穆纳河，因主体采用了红砂石做建筑材料，整个建筑呈红褐色，因而得名"红堡"。

莫卧儿帝国第五代皇帝沙·贾汗将首都迁到德里后，于1639年下令建造这座皇宫。该宫殿宏伟壮观、富丽堂皇，是印度建筑史上的一朵奇葩。

1947年8月15日，印度独立，国旗第一次在这里升起，红堡也成为印度民族力量的象征。

第四章

见证奇迹的时刻

才不是呢！比如鸡爪就非常便宜，几乎等于不要钱。

几乎等于不要钱？

听说印度由于素食者众多，蔬菜价格反而很高。

10个卢比(相当于1元人民币)就可以买到1千克鸡爪。

对，芹菜论根卖，个卢比能买到一根

这个拉哈尔智商有问题！他同意的时候摇头，否定的时候却不住点头！

灯火通明的德里街头，丽莎等人新奇地东张西望着。

才不是呢，它们是来过排灯节的——我们印度人认为猴子是神的使者。传说印度教罗摩神在修行过程中受到恶神的陷害，被放逐丛林长达14年，后来在猴神哈努曼的解救下才回归故土。

克鲁德你快看，那边有好多调皮伶俐的猴子！

肯定是演杂耍的呗！

难怪阿力见到小精灵会行触脚礼，原来他把你当作猴子了。

印度的饮食文化

在印度人口中约一半以素食为主，坚决不吃动物制品，素食文化是印度饮食文化中最基本的特色之一。其中很主要的原因是，印度人为保护生灵不屠宰动物。

因此，印度开设不少只为素食主义者服务的饭店，而西方国家的流行食品来到印度也不得不适当地印度化，比如印度有专门为素食主义者开设的比萨饼店。

辨别印度菜正宗与否，只要试两道菜就可以了：鲜青柠汁和印度飞饼（当地人称"加巴地"）。青柠檬酸甜清香，是印度菜不可或缺的配料之一，而印度飞饼的独特之处就在于独一无二的制作工艺——飞！

印度人的一些生活习俗

印度人表示同意或肯定的动作是摇头，点头却表示否定。

在印度千万不要用左手和别人打招呼，否则，对方便会认为你这是对他极大的侮辱。

印度人最忌讳别人摸自己头上的任何一部分，他们认为,头部是人体最高的部分,也是人体中最神圣无比的部分，尤其是孩子的头，在任何情况之下绝不允许触摸。

印度人最忌讳在同一个容器里取用食物，也不吃别人接触过的食物。他们喜欢分餐进食。

摇头YES　　点头NO

智慧树

小伙伴们在拉哈尔家里吃到的印度最有特色的食物是什么？

答：印度飞饼。

印度飞饼是享誉印度的一道名小吃，是主食中的明星。它的形状和我们生活中常见的薄饼非常相似，但是这种饼不是用擀面杖擀出来的，而是技艺高超的厨师用手将和好的面团在空中用"飞"的绝技做成的。飞饼经过烤制后，外层浅黄松脆，内层绵软白皙，吃起来口感酥脆香甜。而厨师制作飞饼时，面饼在空中上下翻飞，由厚到薄，整个过程更像一场美妙绝伦的表演。

第五章

欢度排灯节

排灯节的祈祷会使人的身心得到净化，表示光明战胜黑暗，善良战胜邪恶。唉！

你为什么叹气？

白天陪你们去看印度第一高塔，我错过了排灯节最重要的项目——圣河沐浴。

哪里可以圣河沐浴？

吉祥痣

　　印度妇女习惯在两眉之间前额正中点一个红点，称为"迪勒格"，即吉祥痣。点吉祥痣时要用朱砂、糯米和玫瑰花瓣等捣成糊状，点在前额的眉心。

　　在印度人的婚礼上，新郎要为新娘点吉祥痣，预示婚后幸福美满。婚后女子每天必须点吉祥痣，否则会受到家中老人和亲友的批评。

　　从前吉祥痣必须用红色，是女子已婚的标志，未婚的姑娘不能使用。随着时代的变迁，现在不管已婚还是未婚，印度女性都开始点吉祥痣，颜色也不再局限于红色，可以根据服饰自由选择。

纱丽和托蒂

纱丽是印度妇女的一种传统服装，一般用丝绸制作，上面有刺绣，通常围在长及足踝的衬裙上，从腰部围到脚跟成筒裙状，然后将末端下摆披搭在左肩或右肩上。

男子最为普通的服装是托蒂，就像我们在电影中看到甘地穿的那种衣服。托蒂是一块三四米长的白色布料，缠在腰间，下长至膝，有的下长达脚部。随着社会发展，印度男子的衣服也有改进，除托蒂外，上身加了一件肥肥大大的衬衣，名为"古尔达"。

印度的什么节日里女人可以棒打**男人**？

答：胡里节。

胡里节也是印度人的重要节日之一，其重要性仅次于排灯节，是印度的新年，相当于中国人的春节。每年印度旧历十二月的月圆夜，就是印度传统节日胡里节。

节日期间，印度人一改平时刻板保守的形象，纷纷走上街头，相互追逐打闹，泼洒五颜六色的颜料和粉末。另外，在胡里节里还有一个有趣的习俗，就是妇女可以打男人，而男人不能还手。所以人群中时不时会出现，男人叫喊着逃跑，而手持木棒的女人在后面紧紧追赶的景象。这更给胡里节增添了祥和热闹的气氛。

第六章

圣河晨浴

我们立即动身！

圣河其实就是恒河，最好的沐浴地点当然是最负盛名的圣城瓦拉纳西了。

我们连夜赶往瓦拉纳西！金属片上的"圣河"肯定是指那里！

动身去哪里？

凌晨五点钟，晨光熹微的恒河岸边。

早吗？你睁大眼睛看看！

就算你们连夜赶到瓦拉纳西是为了沐浴，也不用这么早跑来吧！

52

恒河沐浴

恒河是印度人心目中的圣河，印度人认为在恒河中沐浴，不但能去掉身体上的污秽，而且能净化精神。所以不管春夏秋冬，一天到晚总是有印度人在恒河沐浴，但最壮观的还要数瓦拉纳西的恒河晨浴。

瓦拉纳西河岸长达6.7千米，共有64个码头，当地人称其为"卡德"。河岸边分布着众多风格各异的神庙，凸显出一种神圣而庄严的气氛。每天清晨，大批印度人聚集在瓦拉纳西恒河沿岸，在恒河"圣水"中沐浴。他们最大的心愿就是死后能在河岸边被火化，骨灰被撒入恒河，期盼自己的灵魂得到永生。

圣城瓦拉纳西

瓦拉纳西是印度最负盛名的圣地之一。这座已有3000多年历史的古城寺庙林立，有的宏伟壮观，有的小巧别致，建筑风格各异，形状多姿多彩。

传说，公元前5世纪，佛祖释迦牟尼来到这里，在位于瓦拉纳西西北10千米处的鹿野苑首次布道、传教。公元7世纪，中国唐代高僧玄奘西行取经也曾到过这里，他在《大唐西域记》里对这座城市的古老建筑、居民生活、市井繁荣、宗教状况，以及风土人情均做了详细描述。

智慧树

多数印度人的四大夙愿是什么？

答：这四大夙愿分别是住瓦拉纳西、结交圣人、饮恒河水、敬湿婆神。

到印度要看恒河，最好的去处便是瓦拉纳西。

瓦拉纳西位于恒河之滨，是一座拥有3000年历史的古城，是世界上最重要的圣城之一。早在公元前4至6世纪，这里就已成为印度的学术中心。城内神庙林立，蔚为壮观，无愧为印度恒河沿岸最大的历史名城。今天，瓦拉纳西在印度虽然属于一座中等城市，却以印度教圣地而声名远扬。神庙与河之间的台阶上常常聚集着许多洁身沐浴、祈祷的人。

第七章

悬崖峭壁上的画

我如果成为明星，就可以在全世界巡回演出……

别做梦啦！我们到高僧说的地下古城的入口了，就在那些石窟的正下方。

这石窟竟然是在悬崖峭壁上？！

准确来说，是开凿在距离谷底76米的悬崖峭壁上。

阿旃陀石窟与泰姬陵并称为"印度的壁"，窟壁上雕刻着精美的壁画，全是侣们用铁锤和凿子一下一下雕刻出来的

的确令人叹为观止，可这不是重点！

那高僧一再强调从石窟跳入河流，是唯一能找到入口的方法！

65

这是潜水服和防身武器……孩子们，祝你们好运！

光这样看看我已经头晕目眩了……真的要跳啊？

我是向导，不是敢死队员。放心，看在我们朝夕相处了几天的分儿上，我不会眼睁睁看着你们送死的！

我就知道你不会丢下我们不管的！

你不跟我们一起跳吗？

我会闭上眼睛的！

迪诺挥舞着防水电棍，朝着大鱼连连晃动。大鱼不甘心地游向远处。

可恶！竟敢玩儿偷袭！

众人继续下潜，水中不时冒出一股又一股怪异的旋涡。

孟买印度门

　　孟买是印度最大的海港，被称为"城市的皇后"。孟买1534年被葡萄牙占领，1661年转属英国。阿拉伯海之滨的印度门，是为纪念英国国王乔治五世和皇后玛丽1911年访印在此登陆而建造的。

　　印度门宏伟壮观，高26米，顶部4座塔楼遥遥可见，现已成为孟买市的标志，用于接待重要的宾客，为印度重要的旅游景点之一。

印度门

悬崖峭壁上的石窟

阿旃陀石窟位于孟买东北方，洞窟开凿在瓦古尔纳河河湾峡谷高耸的崖壁上，距离谷底76米。阿旃陀石窟自公元前1世纪开始建造，到公元7世纪才完工，工期长达700余年。29个石窟高低错落，环抱成新月形，俯瞰滔滔河流。

石窟内有石雕佛像和壁画，主要内容是释迦牟尼的生平故事，还有一些反映的是印度宫廷生活。

石窟12世纪逐渐被泥土流沙和崖壁面的攀缘植物覆盖，直到19世纪初才被重新发现。1819年，英军马德拉斯军团在这里演习，一名士兵不慎从平原的边缘跌落到瓦沟拉河河谷里，这才意外发现了河谷崖壁上的洞窟。

1号石窟

中国高僧玄奘曾在7世纪初到阿旃陀石窟朝圣。

印度哪里是造梦工厂?

答:宝莱坞。

宝莱坞是世界上最大的电影生产基地之一,拥有数亿观众。印度大多数的电影都出自此地。孟买是印度影视业宝莱坞的大本营。

宝莱坞影城由大大小小国有和私营的拍摄基地组成。很多大型室内摄影棚都有中央空调,以适应印度炎热的气候,而且隔音条件良好。室外摄影场地有农庄、寺庙、别墅、牧场、森林……只要是拍发生在印度的电影,需要什么样的外景都能在这里找到。

对世界来说,宝莱坞就像印度最美丽的一张名片,展现了印度独特的魅力。

第八章

黄金佛像

巨蚌灵活地掉头，冲着迪诺气势汹汹地张开两扇硕大的贝壳，似乎想把他一口吞掉。

我第一次感觉到帅一点儿用也没有，还是得被食人蚌吃掉！

迪诺，你还不赶紧躲闪？！

让我用咒语制服食人蚌！

我是想躲闪，可是四肢酸软，根本动不了……

克鲁德嘟嘟囔囔念起了咒语，迪诺的潜水服外，突然竖起了很多钢刺，活像一只金属刺猬。

这招儿管用吗？

75

石柱东倒西歪，探照灯先后被砸中，水底陷入了一片漆黑。

什么也看不见了！

贸然返程可能被石柱砸中，我们还是摸索到废墟深处躲躲吧！

这废墟沉在水底早就不稳固了，躲到哪里都不安全。

小精灵，你还等什么？！快啊！

你想什么呢？食人蚌张开了贝壳，是进攻的最好时机！

食人蚌好像失去了方向，打开了两扇硕大的贝壳，贝壳里的珍珠放射出璀璨的光芒。

去抢它的珍珠？我可不敢！

克鲁德恍然大悟，对准食人蚌贝壳间露出的软体，接连发出了几道蓝光。那怪物痉挛着晃动起来，一个金光闪闪的佛像从它的软体中滑落。

这不就是高僧要我们拿来交换水晶瓶的佛像吗？

立即撤退！再不走就来不及了！

身受重伤的怪物拖着巨大的身体在众人眼前掠过。被它碰到的石柱纷纷倾斜、倒塌。

这座废弃的古城要彻底坍塌了！

神猴庙里，正在盘腿打坐的高僧缓缓睁开了眼睛。

神秘人让你们带着装满恒河水的水晶瓶去阿格拉。

们回来了……我就知道，你们一定完成任务的！

我同样坚信，所以干脆在石窟原地等候！

举世闻名的泰姬陵，就位于阿格拉。

阿格拉颇具特色的街道上，克鲁德左手高举着装满恒河水的水晶瓶东张西望。

我好像看到了一个熟悉的身影……很像女巫。

不太可能吧，这里可是印度！

瑜伽

瑜伽起源于印度，距今有5000多年的历史，被人们称为"世界的瑰宝"。

大约在公元前300年，印度大圣哲帕坦伽利创作了《瑜伽经》，印度瑜伽在其基础上真正成型，帕坦伽利被尊为印度瑜伽之祖。

瑜伽这个词源于梵语，意为联结、结合、统一，也就是身心统一的意思。瑜伽运用古老而易于掌握的技巧，来改善人们生理、心理、情感和精神方面的能力，是一种身体、心灵与精神达到和谐统一的运动方式。

瑜伽发展到了今天，已经成为世界上广泛传播的健身方法。

瑜伽之祖帕坦伽利

阿格拉

阿格拉是印度北部最重要的城市，喧闹而拥挤，市内街道狭窄，保有中古世纪风貌。从16世纪到18世纪初，阿格拉一直是印度的首都。

阿格拉的主要旅游景点包括泰姬陵、阿格拉红堡。其中堪称世界八大奇迹之一的泰姬陵闻名遐迩，为阿格拉带来了无尽的财富。

阿格拉红堡全部采用红砂岩建造而成，与首都德里红堡齐名。它的古堡建筑是印度伊斯兰艺术顶峰时期的代表作。

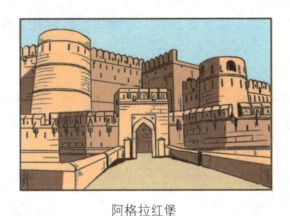

阿格拉红堡

泰姬陵

在阿格拉，和泰姬陵齐名的是哪座建筑？

答：阿格拉红堡。

阿格拉红堡位于亚穆纳河畔的小山丘上，和泰姬陵相距约15千米。这里曾经是莫卧儿王朝的皇城所在地，后来莫卧儿王朝迁都至德里，并在德里仿造阿格拉红堡新建了一座城堡，也就是我们前面介绍过的德里红堡。

阿格拉红堡修建于1573年，外形雄伟壮观，城内的宫殿富丽堂皇，堪称印度古建筑艺术的巅峰之作。

当年，沙·贾汗就是被儿子幽禁在这座古堡的一座八角形的石楼里。每天，沙·贾汗透过小窗望向泰姬陵，心怀无限的思念，慰藉一颗孤寂哀伤的心。

第九章

"永恒面颊上的一滴眼泪"

沙·贾汗被囚禁的地方

以前水道里装着的并不是清澈的水流，而是象征纯洁的牛奶。

泰姬陵在水中的倒影好美！

milk

泰姬陵最为神奇的地方，在于它早、中、晚所呈现出的面貌各不相同：早上是灿烂的金色，白天是圣洁的白色……

泰姬陵不是用白色大理石建造的吗，为什么看起来却是五颜六色的?

那是印度文，意思是请心地纯洁的人进入这座天国的花园。

你们看，拱门上雕刻着一些神秘的文字！

众人迫不及待地走进泰姬陵，只见巨大的穹宇下，鸽子飞来飞去。

太奢侈了吧？连窗棂都是用整块大理石镂空雕刻的！

大石棺里安睡的就是泰姬陵的主人——泰姬·玛哈尔皇后。

这个位置看起来在整个泰姬陵建筑的中轴线上。

一言难尽……安得烈，你在做什么？

虽然我不介意你对着宝石流口水，但是我很介意你口水流到了我的脚上！

安得烈呢？凭空消失了……

安得烈，别捉迷藏了，赶紧出来吧！

安得烈激动地把手伸向一颗璀璨的红宝石。几声惊叫之后，安得烈不见了踪影。

你们的小伙伴失踪了！

今天是愚人节吗？

波斯美女玛哈尔

　　泰姬陵在印度的叫法是"泰姬·玛哈尔陵"，她的主人玛哈尔是一位具有波斯血统的绝世美女。她20岁时嫁给沙·贾汗，两人非常恩爱。沙·贾汗封她为"泰姬·玛哈尔"，意为"宫廷的皇冠"，可谓三千宠爱集一身。

　　玛哈尔共为沙·贾汗生下14个子女，存活的只有四男三女。1631年，38岁的玛哈尔因难产而死，皇帝悲痛无比，征发两万多名印度民工，召来世界各地著名的设计师和工匠，历时22年，耗资千万，终于建造完成世界奇观泰姬陵。

被囚禁的皇帝

　　痴情的皇帝本打算在泰姬陵的河对岸为自己建造一座相似的陵墓，用通体透黑的大理石对应通体透白的泰姬陵，同时河面上用黑白两色的大理石建一座桥，连接两人纯黑纯白的陵墓，象征两人纯洁的爱情。

　　皇帝的美梦还未成真，他的儿子就迫不及待夺取了王位，将年迈的他囚禁在阿格拉红堡的一座角楼中。成了囚犯的沙·贾汗只能透过窗户，眺望着河对岸的泰姬陵。后来他的视力出现了问题，他只能凭借宝石的折射，来凝望泰姬陵，最后凄凉地死去。

　　他的孩子们把安放他遗体的石棺送到了泰姬陵内泰姬石棺的左侧，从此，他就"睡"在了爱妻的身旁。

沙·贾汗被囚禁的地方

智慧树

泰戈尔形容什么建筑是"永恒面颊上的一滴眼泪"？

答：泰姬陵。

来自波斯的美丽聪慧女子玛哈尔为纵横驰骋的帝王沙·贾汗生下第十四个孩子后死去。沙·贾汗心痛不已，一夜白头。他可以在挥手间令万众臣服，却留不住爱妻的生命。

为了寄托对逝去爱妻的思念，沙·贾汗动用皇权，倾举国之力，耗无数钱财，为爱妻建了泰姬陵。

泰姬陵位于印度的阿格拉城内，亚穆纳河右侧，由殿堂、钟楼、尖塔、水池等构成，建筑整体全部采用纯白色大理石，并镶嵌有玻璃和玛瑙，是世界遗产中的经典杰作之一，被誉为"印度明珠"。

第十章

魔琴工厂

95

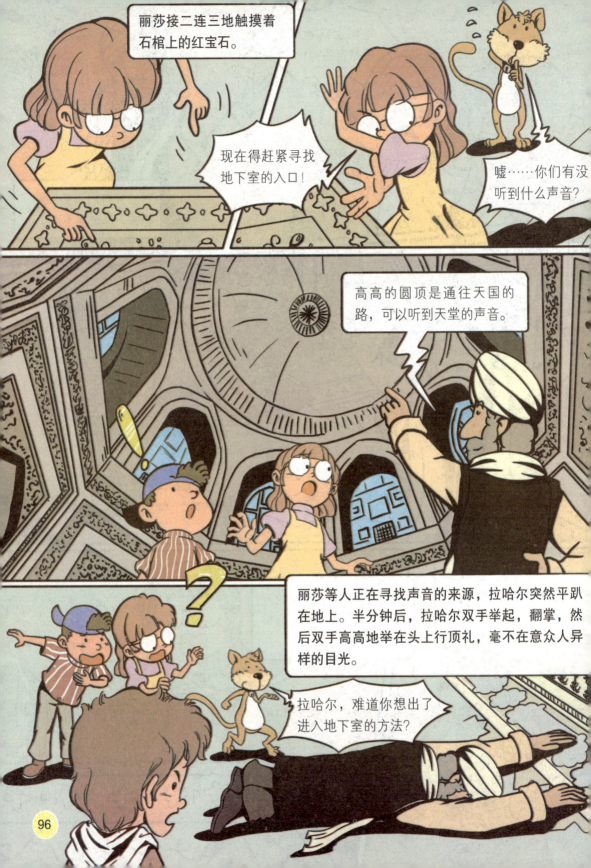

丽莎接二连三地触摸着石棺上的红宝石。

现在得赶紧寻找地下室的入口！

嘘……你们有没听到什么声音？

高高的圆顶是通往天国的路，可以听到天堂的声音。

丽莎等人正在寻找声音的来源，拉哈尔突然平趴在地上。半分钟后，拉哈尔双手举起，翻掌，然后双手高高地举在头上行顶礼，毫不在意众人异样的目光。

拉哈尔，难道你想出了进入地下室的方法？

对称之美

泰姬陵始建于1631年，动用两万多名民工及各国能工巧匠，花费6500万卢比，还不包括购买大理石和宝石的费用。所用的白色大理石，是从400千米以外的拉贾斯坦采石场运来的，泰姬陵上镶嵌的宝石则来自世界各地。

泰姬陵主陵墓建筑呈八角形，中央是半球形的圆顶，陵寝东西两侧各有一座白色圆顶的红砂岩建筑，一座是清真寺，一座是答辩厅，左右呼应，对称均衡，维持了整座泰姬陵建筑的平衡效果，达到了对称之美。

泰姬陵整座主体都以白色大理石所建，陵寝四面各有一扇33米高的拱形大门，旁边还有许多小门。白色大理石的外墙上雕刻着美丽的花纹、文字和图案，庄严肃穆而又精美典雅。

泰姬陵上的花纹和图案

亚穆纳河污染严重

亚穆纳河发源于喜马拉雅山脉贾姆诺特里附近，全长1376千米，是恒河最长的支流。

莫卧儿王朝时期的皇城德里红堡和阿格拉红堡，以及泰姬陵等历史名胜就建在亚穆纳河畔。由此可以想象到，那时的亚穆纳河一定是水量丰沛、物产丰富的宝地。不过现在的亚穆纳河已不见了往日的辉煌，首都新德里及沿岸一些城市产生的大量工业和生活垃圾被直接排入河中，加上河水水量大大减少，现在的亚穆纳河成了世界上污染最严重的河流之一，被称为垃圾河。

为此，新德里市政府已出台了一系列治污方案，并开始着手修建拦截水道和污水处理厂。

丽莎在泰姬陵的什么地方找到了地下室的入口?

答：泰姬陵的石棺前。

泰姬陵安放着一大一小两副精美的石棺，石棺由洁白的大理石雕琢而成，上面雕刻有精美的图案，并镶嵌有很多金光闪闪的宝石。

大的石棺位于陵墓正中，是皇后玛哈尔的，而一旁放置的小石棺则是皇帝沙·贾汗的。这种布局在那个男尊女卑的社会里是不常见的。

但是，石棺里面并没有皇帝和皇后。沙·贾汗与爱人真正长眠的地点是在地下室中，位于空石棺正对着的地下。

第十一章

狭路相逢

103

随着飞戈的琴音，拉哈尔变得狂躁起来。

看来这个印度人打算大开杀戒了！

拉哈尔突然转身对贝吉塔伸出了手臂，用力掐住她的咽喉。

印度是我们男人的世界，岂容一个又丑又老的女人在这里发号施令？！

贝吉塔的脸因为呼吸困难被憋得通红，拼命挥舞着手臂。

飞……戈你……救我……

飞戈冷哼一声，琴音一转，越来越急促。拉哈尔慢慢松开了手臂，转身朝丽莎等人走来。

是杀气腾腾！

糟糕！他的眼睛怎么变得通红？

琴音越来越急促，丽莎等人的眼珠慢慢变成红色，随即他们互相撕打起来。

你可以继续静观其变。

不会吧？！

晕倒的人想必不会有什么痛苦。为了避免你们自相残杀，我只能先这样了！

几道亮光闪过，拉哈尔等人应声倒地。

小精灵，何必跟这些蠢货厮混？我大人不计小人过，随时欢迎你回来。

想得美！

沙·贾汗

　　沙·贾汗是印度莫卧儿王朝的第五代皇帝，他的名字在波斯语中的意思是"世界的统治者"。

　　莫卧儿帝国到了阿克巴大帝（1542—1605年）时代达到鼎盛。在从阿克巴大帝到其孙子沙·贾汗统治的大约100年间内，帝国版图又有所扩大，国库充盈。

　　沙·贾汗在位期间，为了纪念他去世的妻子玛哈尔，大兴土木，修建了举世闻名的泰姬陵。因为修建泰姬陵几乎耗尽了国库里的金银，引起了举国上下的不满，眼看着国家就要走入动荡不安的境地。此时沙·贾汗的儿子乘机篡夺了皇位，并将沙·贾汗囚禁了起来。带着对亡妻的思念以及囚禁中的苦闷，8年后，沙·贾汗郁郁而终。

　　沙·贾汗死后和他的妻子玛哈尔合葬于泰姬陵。

"哭泣"的泰姬陵

　　今天的泰姬陵可以说是印度的骄傲，也被列为世界八大奇迹之一。但是泰姬陵从建成至今，其命运一直和陵墓的主人玛哈尔一样，充满哀怨和愤恨。难怪连印度诗翁泰戈尔都说，泰姬陵像"永恒面颊上的一滴眼泪"。

　　印度沦为英国的殖民地期间，泰姬陵被改造为英国人的舞厅，他们将铁锤、凿子带了进去，随意敲凿陵墓上的宝石和珍珠，还制订了拆掉泰姬陵拍卖的疯狂计划，甚至把施工机械开进了陵园。后来由于拍卖宣告失败，泰姬陵才得以保存。

　　印度独立后，泰姬陵成为著名的游览景点。成千上万的游客慕名而来，毫无节制地涌入陵园，再一次使泰姬陵的许多部位遭到了不可修复的破坏。好在近年来印度政府意识到这一点，并制定出了一系列保护措施。

沙·贾汗统治期间，印度是什么王朝？

答：莫卧儿王朝。

莫卧儿王朝的创始人巴布尔是蒙古人的后代，他的身体里流淌着蒙古人能征善战的血液，加上他非凡的智慧，巴布尔终于奠定了一个庞大的帝国基业。

在莫卧儿王朝第三代统治者阿克巴统治时期，莫卧儿王朝又发动了很多次对外扩张的战争，帝国版图再次扩大。

17世纪，沙·贾汗统治时期，莫卧儿帝国处在黄金时代，建成许多著名建筑，如红堡、泰姬陵……

沙·贾汗的儿子奥伦泽布篡取皇位后，统治印度达半个世纪之久，使莫卧儿帝国的疆域达到了顶点。但由于长期的内外战争，耗尽了国力，在奥伦泽布死后，莫卧儿王朝很快就分崩离析了。

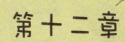

第十二章

月光下的泰姬陵

你又能好到哪里去？所谓的琴魔，还不是为了一本琴谱，就甘愿听令邪恶之神？

原来如此……

跌落在草丛中的克鲁德惊奇地打量着四周。

我竟然从地下室里逃脱了？！哇，原来朗月当空的夜晚，泰姬陵才是最美的！

月光下的泰姬陵闪烁着蓝色的荧光，恍若仙境……

克鲁德警惕地顺着声音看去，竟然看见失踪的班奈特出现在眼前。月光下，克鲁德和班奈特紧紧拥抱在一起。

我很高兴与你重逢，小精灵。这里不安全，快跟我来！

泰姬陵的地下室里，安得烈等人相继醒来。

趁贝吉塔和飞戈不在，我们赶紧想办法寻找出口吧！

刚醒过来的时候，我恍惚记得他们按动了那里，然后就不见了。

我就知道我的神不会坐视不管，保佑我们能持有太阳神的伟大光芒吧！

在泰姬陵角落的一座宣礼塔里，班奈特带着克鲁德拾级而上。

这个塔好像不是垂直于地面的。

泰姬陵的四个角落各有一座高耸的宣礼塔，都是向外倾斜的，这样，塔即使倒掉也不会砸到中央陵寝。

那个沙·贾汗想得真周到。

在宣礼塔的顶端，班奈特停住了脚步。克鲁德震惊地看着眼前几十个被五花大绑的壮汉。

这些人都是女巫抓来的，想用魔琴控制他们的神智。

那不就是人偶了？！

115

百变泰姬陵

泰姬陵让人百看不厌，它在一天里不同的时间和不同的自然光线中显现出不同的特色。随着清晨、正午和傍晚阳光强弱的不同，照射在陵墓上的光线和色彩变幻莫测，呈现出不同的奇景。而月光下的泰姬陵景色更为迷人。正如沙·贾汗在建好泰姬陵之初所说："如果人世间有天堂与乐园，泰姬陵就是这个乐园。"

正因为此，泰姬陵成为世界上唯一一个早、中、晚游览票价不一样的景点。即使是享有优惠的印度本国游人，白天票价只要20卢比，而早上7点前及下午5点后票价也要升至110卢比。

神秘的少女倒影

泰姬陵虽然是一座陵墓，却没有通常陵墓所有的冷寂。它的和谐对称，它的花园和水中倒影的巧妙融合，创造了令无数参观者惊叹不已的奇迹。

2006年，中国摄影爱好者侯刚携夫人赴印度进行摄影创作活动。在拍摄泰姬陵时，他突然发现平静的水面上，泰姬陵的倒影呈现出一个戴着王冠的少女形象。这是全世界首次有人提出这一观点，引起了中、印两国有关部门的重视，也让人们啧啧称奇。许多人表示，这一发现可能成为破解印度古老文明历史之谜的又一个佐证。

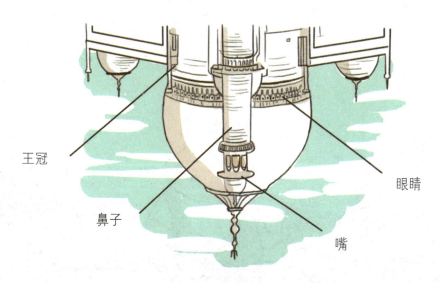

泰姬陵倒影实物分析图

克鲁德在泰姬陵发现什么塔不是垂直于地面的？

答：宣礼塔。

泰姬陵的四个角落各有一座高耸的宣礼塔，都是向外倾斜的，这样，塔即使倒掉也不会砸到中央陵寝。

宣礼塔又名唤礼塔，是伊斯兰教清真寺建筑的组成部分，专门用于宣礼或确定斋戒月。

各国寺院的宣礼塔风格各异，造型多样，数量不等，最少1座，最多9座。有的建在四个角落，有的建在大门两侧，有的独自耸立在庭院内。